INSURRECTION

DE

LA MARTINIQUE

———

22 Septembre — 1ᵉʳ Octobre 1870

———

PAR

CH. MENCHE DE LOISNE

Ex-Gouverneur de la Martinique

PARIS

E. DENTU. LIBRAIRE-ÉDITEUR

Palais-Royal, 13, galerie d'Orléans

—

1871

Souvenir et ... de Paris

A MONSIEUR

LE VICE-AMIRAL POTHUAU

MINISTRE DE LA MARINE ET DES COLONIES.

Hommage respectueux et reconnaissant,

DE LOISNE.

OUVRAGES DU MÊME AUTEUR

DENTU ÉDITEUR

De la Vérité du Gouvernement représentatif.

Lettres artésiennes.

Influence de la Littérature française sur l'esprit public et les mœurs.

France et Angleterre (traduit en anglais).

Le Gouvernement et la Constitution britanniques au XVIIIe siècle (traduit en italien).

Arras, Imp. A. Planque et Em. Frechon.

INSURRECTION

DE

LA MARTINIQUE

22 Septembre — 1er Octobre 1870

PAR

CH. MENCHE DE LOISNE

Ex-Gouverneur de la Martinique

PARIS

E. DENTU, LIBRAIRE-ÉDITEUR

Palais-Royal, 13, galerie d'Orléans

1871

La Martinique a vu éclater à la fin du mois de septembre 1870, à la nouvelle de nos désastres et de la proclamation de la République, l'insurrection la plus redoutable qui ait menacé l'existence d'une de nos grandes
colonies, depuis la révolte de Saint-Domingue.

A cette époque, Paris était cerné et la France engagée
dans une lutte à outrance et désespérée. On ne put donc
connaître les événements graves qui s'étaient passés à la
Martinique et on n'en a eu, en quelque sorte, la première révélation qu'il y a quelques jours par de courts
extraits des conseils de guerre de Fort-de-France, qui
sont parvenus jusqu'à nous, grâce aux journaux anglais
et américains.

Nous avons pensé qu'on lirait peut-être aujourd'hui

1

avec quelque intérêt le récit impartial de cette insurrection et qu'il en pourrait résulter quelqu'utilité.

———

I

Au mois de juin 1870, la cour d'assises de Fort-de-
France condamna à cinq années de réclusion un noir
nommé Lubin, appartenant à une bonne famille du Sud
de la Martinique, pour voies de fait ayant entraîné une
incapacité de travail de plus de vingt jours sur un créole
blanc, aide-commissaire de marine.

Sans entrer dans le détail de cette affaire, je dirai seulement qu'une première rixe ayant eu lieu entre ce
fonctionnaire et Lubin, tous deux avaient adressé leurs
plaintes au Parquet, qui déclara qu'il n'y avait pas lieu
à suivre, mais que chacun des plaignants pouvait saisir
le tribunal en se portant partie civile, ce qu'aucun ne
voulut faire. On eut peut-être le tort de ne pas changer
de résidence le sous-commissaire de marine, et il arriva
qu'un jour le sieur Lubin attendit son adversaire sur une
route isolée, ou l'y rencontra par hasard. Une nouvelle
lutte s'engagea entre eux : Lubin était l'agresseur, et son

adversaire, moins vigoureux, dut garder le lit pendant un mois et eut même une convalescence assez longue.

On croyait généralement dans le public qu'à l'origine de cette affaire, les torts avaient été partagés et on trouva excessive la condamnation à cinq ans de réclusion prononcée contre Lubin, car la réclusion se subit à Cayenne, dont le climat est très-redouté des noirs des Antilles. Le gouvernement métropolitain fut de cet avis ; il abaissa la peine à cinq années de détention, mais sa décision ne put parvenir à la Martinique, qu'après les événements graves que je vais raconter.

Les races de couleur, la race noire principalement, furent très-vivement impressionnées par l'arrêt de la cour d'assises. Elles disaient hautement que si le noir avait été battu par le blanc et obligé de garder le lit pendant un mois, le coupable en aurait été quitte pour quinze jours de prison. Dans le sud de l'île, où Lubin était très-bien apparenté, cette peine de la réclusion excita chez ses parents et ses amis une colère et une indignation extrêmes, et de sourds projets de vengeance se formulaient à voix basse contre ceux qui avaient siégé aux assises.

La fatalité voulut qu'un assesseur (juré), le sieur Codé, créole blanc, fut domicilié à la Rivière-Pilote, commune contiguë à celle du Marin, où résidait la famille de Lubin. Peut-être M. Codé, qui était bon et serviable, ne fut-il pas, cependant, très-prudent en ses paroles. Dans un pays comme la Martinique, où les passions sont ardentes, où l'antagonisme, qui divise si malheureusement les races, est toujours si violent, un propos léger est bientôt tenu par les uns, envenimé par les autres. Ce qui exalta encore plus les noirs des communes du Sud, c'est que, par une circonstance restée inexpliquée, et à coup sûr fortuite, une sorte de drapeau blanc fut assez longtemps arboré sur l'habitation de M. Codé. Or, pour la race noire, le drapeau blanc n'a qu'une signification, le rétablissement de l'esclavage.

Cependant trois mois s'étaient écoulés depuis la condamnation de Lubin; les esprits commençaient à se calmer, aucun désordre ne s'était produit, M. Codé vivait tranquillement avec sa jeune femme et son enfant sur ses terres, sans être ni inquiété, ni insulté, lorsque les télégrammes privés reçus de la Havane et apportés par des bâtiments transatlantiques à la Martinique annoncèrent successivement une série de désastres, et notamment le 18 septembre « les capitulations des armées de *Mac-Mahon* et de *Bazaine*. »

On comprend l'émotion profonde que de telles nouvelles excitèrent, cependant elles pouvaient être fausses et l'on savait combien l'on devait se mettre en garde contre les télégrammes expédiés à Cuba, puisque précédemment on avait eu plusieurs dépêches affirmant que les Français avaient remporté sur Metz une victoire éclatante, et fait 70,000 prisonniers prussiens. Le packet français devait arriver le 22. Il avait quitté la France le 8 septembre, il apporterait donc des nouvelles officielles du 4, date donnée par les télégrammes privés aux capitulations de nos deux grandes armées. Le gouverneur, M. de Loisne, pour rassurer les populations, démentit ces deux capitulations, dans une proclamation qui eut un certain retentissement, ;mais l'inquiétude était d'autant plus vive qu'on parlait de la captivité de l'Empereur et de la proclamation de la République.

Afin d'être prêt à tout événement, deux détachements d'infanterie de marine furent consignés à Fort-de-France, et des vivres avec des literies embarquées sur l'aviso stationnaire le *Magicien*, qui devait rester sous pression. Le gouverneur avait envoyé une chaloupe au devant du paquebot arrivant de France, pour avoir de suite le premier la nouvelle des événements qui s'étaient passés dans la Mère-Patrie. Dès qu'il sut, le 21 septembre, à quatre heures du soir, la confirmation de la proclamation de la République et des désastres de Sedan, le *Magicien*, ayant à bord les deux détachements, se dirigea à toute vapeur sur les communes du Marin et de la Trinité, où les troupes devaient tenir garnison dans deux forts depuis longtemps abandonnés.

Du Marin, situé au sud de l'île, on pouvait facilement

agir avec rapidité sur les communes contiguës et notamment sur la Rivière-Pilote, distante de six kilomètres seulement. Nous avons dit plus haut que la famille Lubin résidait au Marin et que l'un des assesseurs qui l'avaient condamné demeurait à la Rivière-Pilote.

La Trinité, située au centre de l'île, est également un bourg très-populeux où domine l'élément noir. La présence des troupes qui y arrivèrent inopinément ainsi qu'au Marin dans la nuit du 21 au 22 septembre empêcha le mouvement insurrectionnel d'y éclater et de se propager dans le Nord. L'instruction judiciaire a prouvé que les chefs de l'insurrection avaient fait de fréquents voyages à la Trinité, où ils avaient certainement des ramifications qu'on n'a pu découvrir.

II

Le gouverneur proclama la République à Fort-de-France le 22 septembre, à 7 heures du matin. Il y fut de la part de toute la population l'objet d'une manifestation enthousiaste. A deux heures de l'après-midi, les maires du Marin et de la Rivière-Pilote, conformément à l'ordre envoyé à tous les magistrats municipaux, annoncèrent avec une certaine solennité l'établissement de la République en France.

Au Marin, occupé depuis la veille par la troupe, la population resta très-calme. A la Rivière-Pilote, elle mêla aux cris de vive la République ceux de mort à Codé! Le maire, voyant que l'exaltation devenait de plus en plus grande, envoya prévenir le commandant de la garnison du Marin. Cet officier, ainsi que celui de la Trinité, avait reçu les instructions du gouverneur, qui lui prescrivait de maintenir l'ordre non-seulement dans le lieu de sa résidence mais encore dans les communes voisines. Il n'hésita donc pas à se rendre à l'invitation pressante qui lui était faite. Dans l'ignorance où il se trouvait de la gravité de la situation à la Rivière-Pilote, il commit une faute, qui souvent a été commise en France, notamment en 1869 dans les grèves de mineurs de la Loire et de l'Aveyron, où le petit nombre de troupes engagées au début aggrava le désordre, au lieu de le comprimer immédiatement. L'officier commandant au Marin laissa dans le fort le gros de son détachement et avec dix hommes seulement partit pour la Rivière-Pilote, où il arriva à dix heures du soir.

Les événements avaient marché rapidement, une foule considérable armée de fusils, de piques et de coutelas, s'était dirigée sur l'habitation Codé, située hors du bourg. En arrivant, elle avait à grands cris demandé le propriétaire. Un nègre, Georges, au service de Codé, sortit et déclara, ce qui était la vérité, que son maître et

sa famille s'étaient sauvés il y avait déjà quelques heures.
Les insurgés voulurent néanmoins pénétrer dans l'intérieur de l'habitation: Ils invitèrent le nègre à leur ouvrir
et à les laisser passer, le menaçant de mort s'il n'obéis-
sait pas. Celui-ci répondit que son maître lui ayant or-
donné de rester et de garder la maison, rien ne l'empê-
cherait de faire son devoir. Couché en joue par ceux
qui étaient à la tête de la bande, il répéta qu'on pouvait
le tuer, mais qu'on ne passerait que sur son corps. Plusieurs coups de feu retentirent alors et le malheureux
noir tomba mort, victime de son héroïque fidélité (1).

Les insurgés, après avoir vainement cherché dans tous
les appartements Codé et sa famille, mirent le feu à l'habitation et à toutes ses dépendances. Quarante-huit
heures après, le malheureux propriétaire, qui errait
dans les champs voisins, fut aperçu et assassiné avec une
cruauté inouïe. Le lendemain de sa mort, sa jeune
femme et sa fille, qui avaient passé trois jours et trois
nuits cachées dans les champs de canne, en proie à
toutes les terreurs, furent enfin sauvées par une co-
lonne volante de matelots du *Magicien*.

Le détachement d'infanterie de marine était arrivé à
l'instant où l'incendie de toutes les propriétés de Codé

---

(1) Un autre noir, Tony, cultivateur, se fit également tuer dans des cir-
constances analogues, sur l'habitation Tolly-Huygues. Beaucoup de serviteurs
montrèrent, au péril de leur vie, le même attachement à leurs maîtres.

éclairaient ce bourg. Il y fut accueilli par des coups de fusils partant des maisons qui bordent la route. Les soldats ripostèrent et deux nègres furent tués. L'officier prit ses dispositions pour défendre la mairie. Il aurait dû envoyer de suite au Marin l'ordre au reste de son détachement de le rejoindre ne laissant au fort que quelques hommes bien suffisants pour le mettre momentanément à l'abri d'une attaque du reste fort improbable. Malheureusement il se confia en son courage et en celui de ses soldats, et ne calcula ni leur nombre ni celui de ses ennemis. L'audace de ceux-ci s'en accrut. Plusieurs incendies furent allumés pendant cette nuit et l'on entendit constamment retentir dans les mornes et les bois le son de la trompe et les cris de : Mort à Codé, mort aux béquets (blancs), vivent les Prussiens ! Le 23 septembre, la journée se passa en pourparlers entre l'officier et le maire d'une part, et les chefs insurgés de l'autre. Ceux-ci invitèrent le commandant du détachement à se rendre près d'eux, ils voulaient certainement l'assassiner. Il eut la témérité d'aller seul les trouver et ne sortit que par un miracle de ce guet-apens. A la nuit, les incendies recommencèrent tout autour du bourg.

Cependant, le 23 au soir, le gouverneur recevait une estafette lui annonçant le commencement des troubles de la Rivière-Pilote et les coups de fusil qui avaient assailli les troupes à leur arrivée. M. de Loisne comprit de suite qu'il ne s'agissait pas d'une simple émeute locale, que c'était une insurrection grave qui éclatait, et il prit en conséquence, immédiatement, toutes les mesures que commandait la situation telle qu'il la pressentait. Les événements ont prouvé combien ses appréciations étaient fondées, et la sagesse et l'opportunité de ses dispositions.

Il n'y avait encore de désordres que dans la commune de la Rivière-Pilote, et il était permis de croire que le détachement du Marin et la gendarmerie de ces deux localités en viendraient facilement à bout. Le gouverneur ordonna néanmoins au commandant du *Magicien*, M. Mourat, de se transporter de suite à la Rivière-Pilote avec son équipage, dont le personnel fut renforcé des matelots récemment arrivés de France à destination de la flotte alors à Terre-Neuve. M. Mourat était nommé commandant de l'état de siége à la Rivière-Pilote et commandant supérieur des communes du Sud, déclarées également en état de siége. Il devait se concerter avec le chef du détachement du Marin, placé sous ses ordres, et recevait les pouvoirs militaires et civils les plus étendus.

Le gouverneur requit en même temps le commandant de l'aviso le *Talisman* de lui fournir deux détachements de matelots, qui furent dirigés sous les ordres des enseignes de vaisseau, MM. Ferré et de Bourdonnel, l'un sur la commune du Lamentin, l'autre sur la Rivière-Salée. Ces deux officiers étaient nommés commandants de l'état de siége de ces deux communes. Enfin le capitaine Delpoux, du premier régiment de l'infanterie de marine, fut envoyé avec un fort détachement sur Saint-Esprit, point stratégique d'une haute importance situé au centre de l'île et d'où, par conséquent, on pouvait intercepter toutes communications entre le nord et le sud et concentrer l'insurrection, si elle s'étendait hors de la Rivière-Pilote, dans la partie méridionale de la Martinique.

En même temps qu'il prenait ces dispositions militaires, le chef de la colonie écrivait au gouverneur de Sainte-Lucie pour le prier de prescrire des mesures sévères afin d'empêcher la contrebande de guerre et l'exportation à la Martinique des armes et des munitions. Ces deux îles ne sont séparées que par un étroit canal, qu'une barque peut franchir en huit ou dix heures. Un bâtiment de commerce, généreusement offert par un armateur de Saint-Pierre, y croisa pendant quelques jours, ayant à bord des douaniers; mais il était trop facile à d'habiles rameurs d'échapper la nuit à la surveillance d'une goëlette. Le chef de la colonie anglaise de Sainte-Lucie n'hésita pas à donner au gouverneur de la Martinique un concours très-cordial et très-précieux. Il défendit sous des peines rigoureuses l'exportation des armes de guerre, et fit sincèrement exécuter son arrêté autant, du moins, que le nombre très-restreint d'agents dont il disposait le lui permettait. (Il n'y a pas de troupes dans les Antilles anglaises, elles sont concentrées, ainsi que la flotte, à la Barbade, où réside le gouverneur-général.)

Les faits qui s'étaient passés dans la nuit du 22 au 23 septembre furent portés à la connaissance de la colonie par la proclamation suivante :

« Des bandes égarées ont commis, dans la commune de la Rivière-Pilote, des attentats odieux et déplorables. Elles ont, cette nuit, brûlé et rasé trois propriétés, elles ont fait feu sur la troupe qui s'est vu forcée de faire usage de ses armes. Je mets cette commune en état de siége sous le commandement supérieur du commandant de l'aviso le *Magicien*. Des forces considérables sont envoyées sur les lieux. L'ordre sera rétabli de suite, les coupables seront arrêtés et livrés aux tribunaux militaires.

« J'ai répondu du bon esprit de toutes les populations de la Martinique que j'aime, et je ne souffrirai pas que des attentats comme ceux qui viennent d'avoir lieu protestent contre la parole que j'ai donnée, et perdent la cause de la liberté politique de la colonie que je défends.

« L'état de siége sera proclamé dans toutes les communes où des désordres se produiraient.

« *Fort-de-France, le 23 septembre* 1870.

« Le gouverneur,

« DE LOISNE. »

Pour se rendre compte de l'effet que cette proclamation produisit dans les grandes villes, il est nécessaire
de se rappeler la constitution qui régissait à cette époque
nos colonies. Le conseil général était composé par moitié de membres nommés par le gouverneur et de membres élus par les conseils municipaux. Mais ces derniers
étaient directement nommés par le chef de la colonie.
Lorsque M. de Loisne avait été appelé au gouvernement
de la Martinique, la métropole songeait à accorder à nos
possessions d'outre-mer le régime électif et le suffrage
universel. A la Martinique, une fraction de la race
blanche, les mulâtres et les noirs réclamaient vivement
cette réforme. Là République ferait sans nul doute ce
que l'Empire n'avait pas eu le temps d'accomplir, mais
il était à craindre que si l'insurrection se prolongeait ou
s'aggravait, les libertés promises ne fussent indéfini-
ment ajournées.

Le langage du gouverneur fut donc compris, et les
populations des villes, principalement celles de Saint-

Pierre et de Fort-de-France se déclarèrent fort énergiquement contre le mouvement insurrectionnel.

Cependant la situation devenait de plus en plus sérieuse. Lorsque le 24 septembre, à l'aube du jour, le commandant Mourat débarqua avec ses matelots à la Rivière-Pilote, la petite troupe d'infanterie et de gendarmerie, qui avait pendant trente-six heures énergiquement gardé la mairie et préservé le bourg était entourée par une masse considérable d'insurgés. Le feu allait commencer et nul doute que cette poignée de braves n'eussent payé de la vie leur courageux dévouement. Mais à la vue des matelots du *Magicien* bien armés, arrivant inopinément sur leurs derrières, les insurgés furent pris de panique, et se dispersèrent dans les champs de cannes et les bois voisins.

Le soir, au coucher du soleil, de nouveaux incendies éclatèrent sur tous les points de l'horizon. Fort-de-France, chef-lieu du gouvernement, se trouvait environné d'un cercle de feu.

Il faut reconnaître que les chefs de l'insurrection avaient bien choisi leur moment. Ils savaient la flotte occupée à protéger nos pêcheries de Terre-Neuve. Ils croyaient et disaient que la France, écrasée à Sedan, envahie par les armées allemandes, engagée dans une lutte à outrance où elle devait inévitablement succomber, ne pourrait envoyer ni un soldat ni un bâtiment à la Martinique. D'ailleurs, il fallait au moins deux mois pour recevoir des renforts, la colonie n'étant alors reliée par aucun câble à la Métropole.

Les forces dont pouvait disposer le gouverneur ne se composaient que de :

450 hommes d'infanterie de marine, défalcation faite des non-valeurs ;

150 artilleurs ;

60 matelots de l'aviso le *Magicien* et 50 de l'aviso le *Talisman*, que le commandant de ce navire s'était empressé de mettre à la disposition du chef de la colonie sur sa demande. Il fallait avec ce petit noyau garder les nombreux forts et batteries qui étaient armés et approvisionnés pour la défense de l'île, en cas d'attaque possible de l'ennemi. Il y avait en effet au Vénézuela un aviso de guerre prussien, le *Météore*, que le *Bouvet*, bien inférieur en forces, attaqua plus tard, en novembre, avec un succès et un courage qui honora la marine française. La *Niobé*, frégate prussienne à voiles de 28 canons, était au mois d'août à la Havane, on ignorait ce qu'elle était devenue. Il en était de même de l'*Arcona*, vapeur de 500 chevaux avec 28 bouches à feu qui, au début de la guerre, se trouvait aux Açores. Ces trois bâtiments ne pouvaient-ils pas, si on dégarnissait les forts, venir bombarder et brûler Fort-de-France et Saint-Pierre ? N'était-il pas également important de garder ces deux villes

populeuses ; et, bien que l'esprit en fut très-bon, n'eût-il
pas été de la dernière imprudence de restreindre l'effec-
tif de leurs garnisons ?

Le gouverneur n'avait donc environ que 100 hommes
d'infanterie de marine, 110 matelots et la gendarmerie
pour agir contre les insurgés dont le nombre s'accrois-
sait à chaque instant. Les chefs espéraient et pouvaient
espérer la victoire. Ils avaient très-habilement réveillé
et exploité le mécontentement que la condamnation de
Lubin avait fait éclater dans tout le sud de l'île. Les
noirs, soulevés par eux, poursuivaient leur vengeance
par le pillage et l'incendie de toutes les propriétés. Aucune raison politique ne les entraînait, leur principal
mobile était leur haine contre la race blanche. Les seuls
cris poussés pendant l'insurrection furent ceux de mort
aux béquets (blancs) ! auxquels se joignirent toujours
ceux de vivent les Prussiens ! Telle était leur ignorance
que pour eux, là République c'était le droit de tout faire,
de se venger, de tuer, de piller, d'incendier et de se par-
tager les propriétés. Leurs chefs le leur disaient, leur
affirmant que le gouverneur allait nécessairement être
destitué par le nouveau gouvernement français, et
qu'ainsi il n'y aurait plus d'autorité dans l'île. Quant
aux Prussiens, ils croyaient volontiers qu'ils n'apparte-
naient pas à la race blanche, et plus tard, le président
du conseil de guerre étonna fort certains prisonniers en

leur apprenant que les Allemands étaient plus blancs
que les Français.

Ainsi pour soulever ces bandes sauvages et les pousser
à la dévastation des propriétés, les chefs de l'insurrection avaient exploité leur ignorance, leur crédulité, leur
haine contre la race blanche, leur désir de venger Lubin, et cet appétit grossier des jouissances matérielles,
ces instincts niveleurs, cet odieux communisme qu'on
retrouve dans les bas-fonds de toute société. Ceux qui ne
se laissaient pas convaincre, on les faisait marcher en
les menaçant d'incendier leurs propriétés et de les tuer.
Quant aux instigateurs de cette lutte criminelle, il n'y a
aucun doute qu'ils rêvaient de profiter de nos désastres
pour nous arracher la Martinique et en faire sous leur
domination une île indépendante, un nouveau Saint-
Domingue. « Il faut, s'écriaient-ils, tout brûler, même
« les grands-pères et les petits-enfants des blancs. »

Le moment leur paraissait propice, car lorsque Saint-
Domingue s'était révolté et avait été abandonné par la
France, notre patrie n'était certainement pas engagée
dans une guerre aussi désastreuse que celle qu'elle soutenait en septembre 1870.

Lacaille, instigateur et chef principal de l'insurrection, haranguant la foule qu'il avait soulevée par ses
menaces et par ses promesses, lui disait, après lui avoir
fait crier : Vivent les Prussiens : Nous aurons un mu-

2

« lâtre comme procureur impérial et un noir comme
« juge d'instruction, et nous ferons de Lubin, qu'ils ont
« condamné, le gouverneur de l'île. » Lacaille n'osait
avouer qu'il serait, lui, le président de la république
martiniquaise. « Dépêchons-nous, répondaient les in-
« surgés, après brûler c'est tuer. Vivent les Prus-
« siens ! (1). »

Ce qui rendait cette insurrection très-redoutable, c'é-
tait non-seulement le petit nombre de troupes dont pouvait disposer le gouverneur, mais encore la configuration
topographique de l'île. De vastes habitations construites
en bois, à cause des tremblements de terre, et entièrement isolées au milieu des campagnes, d'immenses
étendues de terrains sans culture, des forêts presque im-
pénétrables, des cônes volcaniques appelés mornes, cou-
verts d'arbres touffus et d'épaisses lianes, des champs de
cannes à sucre, véritables fourrés de cinq à six mètres
de hauteur, tout concourait à faciliter pour les insurgés
cette guerre qu'ils ne faisaient que la nuit. Dès le coucher du soleil, les noirs sortaient de leurs cases, ou des
bois, se groupaient et se dirigeaient, hommes et femmes,
sur la demeure des blancs qui leur avait été désignés.
Ils avaient de la kerosine (pétrole) et ils s'en servaient

---

(1) Toutes les phrases guillemetées citées dans le courant de ce récit,
sont textuellement tirées des dépositions des témoins devant le conseil de
guerre.

pour mettre avec facilité le feu en divers endroits à la fois. Ces feux, alimentés par les cases renfermant les bagasses (tiges desséchées des cannes), avaient promptement dévoré l'habitation, le moulin et l'usine à sucre, et toutes les dépendances.

L'autorité dut d'abord songer à protéger les bourgs et lés agglomérations de maisons également menacées, et ce ne fut que lorsque cette œuvre eut été assurée qu'on put la nuit s'engager dans les plaines et les mornes, et y traquer les bandes incendiaires.

Le 24 septembre, la situation s'aggravant, le gouverneur n'hésita pas à faire appel aux volontaires de Fort-de-France et de Saint-Pierre, en exprimant sa volonté que les compagnies qu'il allait diriger contre les insurgés fussent formées de toutes les races, car il importait par-dessus tout de ne pas les composer exclusivement de blancs, ce qui eût ravivé l'antagonisme et même les haines de races, et peut-être changé le caractère de la lutte.

M. Dupré, agent principal de la compagnie transatlantique, se présenta avec les hommes et les femmes mulâtres et noirs attachés aux paquebots et fut envoyé à la Rivière-Salée et au Saint-Esprit, au nord de la Rivière-Pilote. Cent volontaires de Saint-Pierre, sous les ordres de M. La Rougery, ex-officier d'artillerie, furent dirigés sur le Saint-Esprit. Le lendemain une seconde compagnie de volontaires, capitaine de Catalogne, y arriva également ainsi que les dragons de Fort-de-France, capitaine Roy. La compagnie de volontaires commandée par M. Dublanc Laborde, reçut l'ordre d'occuper la commune du François. Les francs-tireurs de Fort-de-France, capitaine Guilhot, furent chargés de couvrir de leurs avant-postes cette ville fortement menacée. Cinq compagnies de volontaires y furent en outre organisées. Pendant huit nuits, toutes les rues furent gardées et de nombreuses patrouilles ne cessèrent de les sillonner. Le danger y était très-sérieux, Fort-de-France étant construit en bois et les insurgés devant nécessairement l'avoir pour objectif, puisque c'était le chef-lieu du gouvernement.

Le gouverneur déclara en état de siége tout le Sud et presque toutes les communes du centre.

Le lieutenant-colonel du génie, comte de Foucault, fut nommé commandant supérieur du centre. Il devait se concerter avec M. Mourat, commandant du *Magicien,* commandant supérieur du sud.

M. Audiffret, lieutenant-colonel du 1er régiment de l'infanterie de marine, resta à Fort-de-France chargé de la défense des forts et batteries et de la ville contre les ennemis de l'extérieur et de l'intérieur. La garnison de Saint-Pierre, quoique très-faible, ne fut pas augmentée. Le bon esprit des habitants y répondait de l'ordre.

Le gouverneur se réserva le commandement suprême et la direction de toutes les forces dont il disposait dans l'île. Il provoqua la formation immédiate dans toutes les communes de compagnies de dragons volontaires chargés de sabrer les insurgés qui se montreraient dans leur circonscription et d'agir de concert avec la gendarmerie. Celle-ci était disséminée par brigades de deux à cinq hommes. Trop faible pour agir nulle part efficacement, elle ne pouvait rien prévenir, rien réprimer, malgré sa bravoure. M. de Loisne réunit toutes les brigades du centre et du sud sous les ordres du commandant intérimaire, le capitaine Arnoux, et donna à cet officier l'ordre de relier entre eux les corps des deux commandants supérieurs et de parcourir la nuit les campagnes et les mornes à la poursuite des bandes insurgées.

.Nous avons dit l'importance stratégique du St-Esprit. Il était peu présumable que les insurgés pussent franchir son territoire pour gagner le nord et essayer de le soulever. Le capitaine Delpoux y commandait sous les ordres du colonel de Foucault. Il avait avec lui une forte section d'infanterie de marine, les dragons de Fort-de-France et deux compagnies de volontaires de Saint-Pierre. Mais à la guerre il faut prévoir les revers et les surprises, le gouverneur fit donc également occuper par de l'infanterie de marine et une compagnie de volontaires de Saint-Pierre, capitaine de Thoré, la seconde ligne du centre de l'île, le Gros-Morne, proche de la Trinité.

Si l'on jette un coup d'œil sur la carte de la Martinique, on verra que par suite des diverses mesures qui avaient été prises, toutes les troupes envoyées pour combattre l'insurrection, matelots, soldats, volontaires à pied et à cheval, occupaient les contours d'une ellipse allongée, ayant pour points extrêmes au sud le Marin, au nord Saint-Esprit et le Gros-Morne. Ces divers détachements placés, comme nous l'avons dit, sous les commandements supérieurs du colonel de Foucault et du commandant Mourat, devaient vaincre l'insurrection sur leurs territoires respectifs et marcher ensuite devant eux, de sorte qu'à un moment donné les insurgés se trouveraient irrésistiblement acculés aux mornes situés au centre de l'ellipse, dans les régions voisines du Saint-Esprit.

Cependant la gravité de la situation était telle, qu'on pouvait redouter de voir l'insurrection se propager dans toutes les campagnes de l'île. Il existait dans l'arsenal des munitions en abondance et deux mille fusils; huit cents environ avaient déjà été distribués aux volontaires engagés dans la lutte. Le gouverneur n'hésita pas à provoquer la formation de nouvelles compagnies de volontaires, dans toutes les communes de la colonie, et il prescrivit au commandant du *Talisman* d'embarquer

mille fusils et des munitions pour les remettre aux maires. M. de Loisne, en décidant cet armement, avait voulu
prouver aux populations de couleur qu'il avait confiance
en elles. Cette confiance fut pleinement justifiée. L'insurrection resta localisée dans la partie méridionale de
l'île. Elle y couvrait déjà près de la moitié du territoire
de la Martinique.

Il importait de pourvoir à une nécessité non moins
pressante. Beaucoup de familles blanches du sud avaient
fui, frappées de terreur en présence de la ruine et de la
mort qui les menaçaient. Un bâtiment de commerce fut
nolisé et envoyé le long de la côte pour les ramener à
Fort-de-France. Quelques-unes restèrent au péril de
leur vie. Des dames firent preuve d'un courage admirable. Je citerai notamment Mme Duvallon et sa fille qui
forcèrent par leur sang-froid les insurgés à sortir de
chez elles, et Mme Desmartinières qui pour toute réponse
aux révoltés lui demandant, avec menaces de mort, des
armes, tire de son sein un crucifix et leur dit : « Voici
» mes armes, je n'en ai pas d'autres ! » Mot sublime,
digne de Corneille et des premiers martyrs chrétiens !

L'abandon des propriétés n'était pas sans inconvé-
nients. Les propriétaires dans les campagnes occupent
pour la plupart un grand nombre de coolies indiens
logés dans des cases indépendantes de l'habitation. Il
était à craindre que ces indiens abandonnés à eux-mê-

mes, n'ayant plus de travail et bientôt plus de vivres,
ne se joignissent aux insurgés. C'eût été un renfort redoutable, car il n'y a pas moins de 15 à 16 mille coolies
dans l'île. Sauf de très-rares exceptions, il n'en fut rien
cependant, il faut attribuer cette abstention à l'antipathie
profonde qui sépare les indiens des noirs. Pourtant, si
l'insurrection se fut prolongée, il est probable que,
poussés par la misère et les mauvaises passions, ils eussent, de leur côté, formé des bandes pour marcher au pillage des propriétés.

La situation fut si sérieuse dans la nuit du 24 septembre que beaucoup de notables des communes du
Marin et de Sainte-Anne, adressèrent au gouverneur des
pétitions pour lui demander de mettre en liberté Lubin
dont la condamnation servait de prétexte au mouvement insurrectionnel. D'autres notables demandèrent
qu'on écrivît au gouverneur général de la Barbade pour
le prier d'envoyer des troupes anglaises au secours de
la Martinique. Ils disaient qu'en 1849, les colonies fran-
çaises des Antilles avaient agi de même vis-à-vis des
Anglais, et que toutes les nations civilisées étaient inté-
ressées à la lutte si gravement engagée à la Martinique.
Le gouverneur repoussa ces deux demandes et le conseil privé donna unanimement son approbation à la
lutte énergique qu'il soutenait avec les insurgés.

C'était, du reste, un spectacle singulièrement effrayant et lugubre que celui qui, pendant six nuits consécutives, s'offrait aux regards des populations. Dès le coucher du soleil, de vastes incendies allumés sur tous les points de l'horizon éclairaient de leurs sinistres lueurs la ville et la vaste baie de Fort-de-France. Le cercle de feu se rapprochait, se resserrait ; des alertes continuelles venaient fatiguer les francs-tireurs et les troupes qui passèrent huit nuits sans prendre un instant de repos. Tout faisait craindre la destruction complète du chef-lieu du gouvernement. Rien n'était plus facile à des insurgés que de se glisser à travers les bois et les champs de cannes et d'atteindre, à la faveur de la nuit, les boulevards extérieurs. Sur toute cette ville bâtie en bois, la kérosine eut bientôt fait son œuvre. Ils le tentèrent une fois. Dans la nuit du 25, trois nègres, nus jusqu'à la ceinture et portant des bouteilles de pétrole, parvinrent à se glisser jusqu'à la rue principale, ils furent aperçus à l'instant où ils allaient mettre le feu, on ne put malheureusement les arrêter.

La situation n'était pas moins sérieuse dans les campagnes.

Les troupes envoyées pour combattre les insurgés étaient harassées de fatigue. Elles devaient couvrir les bourgs et poursuivre partout les bandes insurgées qui, avec une connaissance parfaite des terrains, parvenaient trop souvent à leur échapper après avoir incendié sur leur passage de vastes habitations.

Le jour, toute la campagne était déserte, pas un insurgé ne s'y rencontrait. La lutte ne s'engageait que la nuit. Il fallait marcher à travers les plantations de cannes à sucre dont la hauteur, à cette époque de l'année, est de quatre à cinq mètres, traverser les broussailles, les bois et les lianes, gravir des mornes escarpés couvert d'arbres, et dans ces marches rapides, on pouvait craindre à tout instant la morsure toujours mortelle des trigonocéphales qui abondent à la Martinique.

Le dévouement des marins, de la gendarmerie, de l'infanterie de marine et des volontaires de toutes races fut admirable. Les bourgs furent protégés, les insurgés ne purent franchir la ligne du Saint-Esprit fortement gardée et ils se virent forcés de se replier dans les mornes situés entre cette commune, la Rivière-Pilote et la Rivière-Salée.

Le 26, à 4 heures du matin, l'enseigne de vaisseau, M. de Bourdonnelle, à la tête de ses marins, des dragons de Fort-de-France et des volontaires de Saint-Pierre, attaqua une forte bande d'insurgés qui s'était emparée de l'habitation d'Aubermesnil. Les noirs, surpris de cette brusque attaque, se défendirent néanmoins, mais ils furent promptement mis en fuite, laissant dix-sept hommes tués et blessés et une centaine de prisonniers. Nous eûmes, de notre côté, à déplorer la mort du jeune et brave Romanet, appartenant à une des bonnes familles de Saint-Pierre.

Quelques heures après, les troupes du Saint-Esprit, sous le commandement du capitaine Delpoux, une section de matelots du *Magicien* et les volontaires, cernèrent par un mouvement rapide de concentration le morne Régale, et y firent soixante prisonniers, dont sept chefs de bande.

Ces deux attaques bien conçues, bien conduites et exécutées avec beaucoup de vigueur, mirent fin à l'insurrection. Dans les nuits du 27 et du 28 septembre, il n'y eut plus que trois ou quatre incendies. Ce redoutable mouvement, le plus terrible que nos colonies aient connu depuis la révolte de Saint-Domingue, était définitivement vaincu.

III

Le 30 septembre, le gouverneur annonça en ces termes la victoire :

« Habitants de la Martinique, quelques jours ont suffi pour disperser et anéantir ces bandes criminelles qui n'ont pas plus respecté l'humble case du pauvre que l'habitation du planteur. Ce résultat si heureux et si rapidement obtenu est dû à l'intelligence, à l'activité, au dévouement des commandants supérieurs du centre et du sud et des chefs des détachements de volontaires, de matelots et de troupes. Il est également dû au patriotisme des villes de Saint-Pierre et de Fort-de-France, au courage des volontaires, des marins, des gendarmes et des soldats, et au concours de toutes les populations. Au nom de la France et de la Martinique, je vous remercie.

« Habitants de la Martinique, il me reste encore un devoir à remplir, c'est de vous exprimer ma vive reconnaissance pour la confiance qu'en ces temps difficiles vous avez tous mis en moi. J'espère en être et en rester digne.

« Le gouverneur,

« DE LOISNE. »

Le chef de la colonie faisait en même temps publier qu'il amnistiait tous ceux qui n'avaient pas encore été arrêtés, bien qu'ayant fait partie des bandes insurrectionnelles et qui n'étaient ni assassins, ni incendiaires, ni chefs de bande. Des instructions étaient envoyées par le procureur général aux juges de paix pour faire connaître que toute personne qui serait trouvée nantie d'objets volés ou pillés pendant l'insurrection serait déférée aux tribunaux civils. Les conseils de guerre devaient juger les insurgés non compris dans l'acte d'amnistie. Cet acte avait été dicté non-seulement par un sentiment d'humanité mais par un grand intérêt politique.

Il est facile de comprendre l'exaspération qui avait dû s'emparer des volontaires à la vue des ruines qui couvraient toute la campagne méridionale de l'île. Des représailles, qui eussent été légitimes si elles pouvaient jamais l'être, s'exerçaient déjà. La terreur était extrême chez les noirs; qu'ils eussent ou non pris part à l'insurrection, tous s'étaient réfugiés au milieu des bois et sur les mornes où ils vivaient misérablement de quelques bananes.

Les Indiens avaient de même abandonné leurs cases. Le travail était partout arrêté dans le sud, et quelques jours auraient suffi pour livrer à la famine ces nombreuses populations.

Les rassurer, les ramener dans leurs demeures et aux travaux de l'agriculture, empêcher l'antagonisme des races de se réveiller, rendre la paix et la tranquillité à la Martinique, tel fut le but de l'amnistie. Deux jours après sa promulgation, les noirs et les Indiens revinrent chez eux. Le travail fut repris, la tranquillité rétablie et la justice put commencer son œuvre. Les volontaires furent rappelés, mais les troupes restèrent pendant longtemps encore dans les diverses positions qui leur avaient été assignées.

Comme il arrive toujours en pareil cas, on comptait un nombre restreint de chefs parmi les 500 prisonniers faits pendant la lutte et renfermés au fort Desaix. Presque toutes les captures importantes furent opérées dans le mois qui suivit l'amnistie. L'arrestation des deux chefs les plus redoutables avait été mise à prix. L'un d'eux, Lacaille, traqué très-vivement pendant le mouvement insurrectionnel, fut pris le 28 septembre au Saint-Esprit. L'autre, Tedga, parvint à échapper à toutes les recherches, protégé par la terreur qu'il inspirait aux noirs.

Lacaille est un mulâtre âgé de 65 ans, très-bien conservé, très-actif et très-intelligent. Instigateur et chef principal de l'insurrection, il paraît avoir rêvé la présidence de la République martiniquaise, qu'il espérait fonder. C'était un homme très-dévot, ce qui ne l'empêcha ni de faire de la sorcellerie ni de prendre, à la mort de sa femme, une concubine, dont il avait des enfants, et qui semble avoir exercé une grande influence sur lui. Il promettait aux noirs le partage des propriétés, leur assurant que l'un d'eux serait gouverneur de l'Ile. « C'est la guerre, leur disait-il, nous allons chasser les « blancs et tout donner aux mulâtres et aux nègres. Vive « la République et vivent les Prussiens ! » Et de gré ou de force il leur faisait prendre des bains, prononçait quelques paroles inintelligibles et les envoyait se battre en leur affirmant qu'ils étaient invulnérables. On racontait qu'il avait quelquefois agi de même pour des gens qui avaient un duel, et la confiance que ceux-ci mettaient en sa sorcellerie leur avait porté bonheur. Lorsqu'il fut arrêté, il fit dire aux noirs qu'il s'envolerait par la fenêtre et les viendrait rejoindre. Peu s'en fallut qu'il en fut ainsi. Étant en cellule au fort Desaix, un factionnaire placé le fusil chargé, dans le fossé, sous le soupirail étroit et garni de solides barreaux de fer qui éclairait sa prison, il parvint, à huit heures du soir, à s'évader par cette ouverture avec un autre détenu très-dangereux. Heureusement, cinq heures après, il fut repris à quatre lieues de là par la gendarmerie du Lamentin. L'éveil avait été donné de suite à toutes les brigades et cette capture presque miraculeuse fut singulièrement heureuse, car on ne sait ce qui serait advenu s'il avait reparu au milieu des noirs du sud en leur disant: « Vous voyez, je vous ai tenu parole, je me suis envolé, me voici, et je vais vous rendre invulnérables. »

Lorsqu'il fut la première fois arrêté au Saint-Esprit et conduit à Fort-de-France, la population noire et mulâtre de cette ville voulu le massacrer. Il fallut en toute hâte envoyer un renfort de soldats pour le protéger. Il avait, pendant la révolte, assuré aux insurgés que ce jour-là, et à cette même heure où on l'écrouait au fort, il irait demander à dîner et un lit au gouverneur, voulant par ces paroles dire qu'il serait alors maître du chef-lieu du gouvernement et de la colonie. Un trait le peindra : Un soir, pendant la lutte, à la tête d'une nombreuse bande d'insurgés, il arrête un facteur, prend ses dépêches et en donne une à lire à sa fille, qui l'accompagnait, car presque tous ses enfants firent avec lui partie de l'insurrection. Cette femme feignit de lire une lettre du gouverneur au maire de la Rivière-Pilote, affirmant qu'elle contenait ces mots : Restez en paix et attendez, nous allons rétablir l'esclavage. Si absurde que fut un tel mensonge, les insurgés l'admirent sans examen et leur fureur ne connut plus de bornes. « Tiens, reprit froidement Lacaille en rendant la lettre au facteur, tu peux maintenant la porter au maire.

Il est facile de comprendre l'action qu'un tel homme devait exercer sur des masses ignorantes et crédules. C'était du reste un misérable. Lorsqu'il arriva prisonnier à Fort-de-France le chef de la colonie le fit comparaître devant lui, dans l'espoir d'en tirer quelques révélations. La seule chose que lui dit Lacaille c'est qu'il était et avait toujours été très-opposé à l'insurrection et qu'il avait fait tous ses efforts pour en détourner ses fils, mais ceux-ci n'avaient pas voulu lui obéir et avaient pris les armes. Ce fut le seul renseignement qu'il fournit : la dénonciation de ses enfants, qu'il avait lui-même armés et jetés dans l'insurrection.

Tedga avait un autre caractère. Agé de 45 ans, appar-

tenant à la race noire, il s'était enrichi à la Rivière-
Pilote dans le commerce de la boucherie ; par ambition,
par vanité, il se jeta dans le mouvement et en fut un des
promoteurs et le chef le plus dangereux. Cruel à l'excès,
il fut très-probablement un des assassins de Codé et de
son fidèle serviteur. Très-actif, très-entreprenant, armé
d'un fusil et de révolvers, il prit la direction du mouvement dès le 22, à la proclamation de la République à la
Rivière-Pilote, et coucha plusieurs fois en joue l'officier
commandant le détachement. Il entraîna à sa suite un
grand nombre de noirs par la terreur qu'il leur inspirait. Cette terreur le protégea et le sauva ; nul n'osa ni
lui refuser un asile, ni le livrer, ni le trahir, malgré
l'énorme récompense promise, 2,000 francs, une fortune
dans ces mornes pour une pauvre famille. Toutes les
expéditions nocturnes dirigées contre lui échouèrent et
il est présumable qu'après s'être caché dans les mornes
et les bois pendant plusieurs mois il parvint à gagner
en canot l'île anglaise de la Dominique et de là se rendit sans doute à Saint-Thomas ou à Saint-Domingue.

Les conseils de guerre de Fort-de-France achèvent au
moment où nous écrivons ces lignes, de juger les nombreux prisonniers faits dans cette insurrection. Les insurgés ont tous essayé de se défendre : pas un n'a eu le
courage d'avouer sa participation aux attentats commis.
Mais les dépositions des témoins ont été accablantes. Elles

ont mis en pleine lumière le double but que poursuivaient les révoltés : l'extermination des blancs et l'indé-
pendance de la Martinique. Elles ont également prouvé
que les femmes qui avaient pris part à la lutte s'étaient
montrées plus cruelles que les hommes. C'est une femme,
Surprise, qui, en incendiant une propriété, disait : « Il
« ne faut rien épargner. Le bon Dieu aurait une case
« sur la terre que je la brûlerais, parce qu'il doit être un
« vieux béqué (blanc). » C'est elle qui menaçant un noir
de détruire sa case, s'il ne s'armait pas pour la suivre,
proférait cet épouvantable blasphême : « Je brûlerai ma
« mère et Dieu même s'il le faut ! »

L'énergie et la rapidité des mesures qui furent prises
pour combattre les insurgés et les cerner, le concours
dévoué des populations de toutes couleurs de Fort-de-
France et de Saint-Pierre, l'excellente attitude, à de
très-rares exceptions près, de la race mulâtre, le courage au-dessus de tout éloge des volontaires, des marins, des gendarmes, de l'infanterie de marine, engagés
dans la lutte, préservèrent notre belle colonie d'un af-
freux et irréparable désastre.

Toutes les villes et les communes de la Martinique,
les Chambres de commerce, la Banque envoyèrent au
gouverneur des adresses de reconnaissance. M. Brière
de Lisle, président du conseil général, s'exprima en ces
termes en présence de cette assemblée :

« Je saisis avec empressement l'occasion de vous exprimer, au nom de mes collègues, organes des diverses communes, la reconnaissance des habitants de la Martinique pour la promptitude et l'énergie avec lesquelles vous avez réprimé les actes criminels qui ont désolé une partie de la colonie. En usant des pouvoirs qui vous sont conférés, vous avez prouvé que l'autorité supérieure avait la force et la volonté de ne tolérer aucune atteinte aux droits et aux devoirs des sociétés civilisées. Nous vous remercions d'avoir favorisé le généreux élan des volontaires des villes, offrant spontanément leur concours pour aider les troupes et les marins à rétablir la sécurité dans les communes rurales et donnant ainsi la preuve éclatante de l'union des populations honnêtes et laborieuses sans distinction de conditions sociales, union qui fait notre force réciproque et notre confiance dans l'avenir... »

Quarante-quatre habitations et toutes leurs nombreuses dépendances ont été entièrement réduites en cendres, pendant l'insurrection dont nous venons de faire le récit. Beaucoup de propriétés particulières qui échappèrent à l'incendie n'en furent pas moins également pillées par les bandes armées.

Aucune donnée n'a permis d'apprécier le nombre des insurgés, il a dû être évidemment considérable puisque la tranquillité n'a pu être définitivement rétablie qu'au bout de huit jours, le 30 septembre, et qu'on fit cinq cents prisonniers, malgré les difficultés de cette guerre nocturne de bois et de montagnes. Les bandes étaient armées de fusils, de piques et de grands coutelas, mais il n'y avait pas d'unité dans leur commandement et beaucoup d'entre elles agirent isolément dans les rayons où elles s'étaient formées. On doit présumer cependant qu'au début, les chefs s'étaient entendus pour que l'insurrection éclatât à la fois dans le sud et dans le centre de la colonie. L'envoi, dès la veille du mouvement, d'une section d'infanterie au fort de la Trinité, déjoua ce projet et permit, avec les dispositions qui furent prises au commencement de la lutte de concentrer la révolte dans la partie méridionale.

L'espoir des libertés politiques qui avaient été promises par la métropole et demandées par le gouverneur a dû contribuer à maintenir dans des sentiments d'ordre et de fidélité les races de couleur des grandes villes, qui firent, comme nous l'avons dit, cause commune avec la race blanche, et le suffrage universel put être inauguré dans toute l'île quelques mois plus tard, sans que nulle part la moindre agitation ne se produisît.

Lorsque le 25 avril 1871 M. de Loisne dut, par raison

de santé, prendre un congé et quitter la colonie, une
députation du Conseil général, nouvellement élu, se
rendit auprès de lui et, au nom de cette assemblée, lui
remit une adresse de reconnaissance dont nous extrayons
les lignes suivantes :

« De subites transformations ont profondément modi-
fié l'existence politique de notre population ; elles se
sont accomplies dans le plus grand calme et l'ensemble
des résultats de cette vie nouvelle, née des plus larges
libertés, est d'un heureux présage pour l'avenir.

« Cette transformation fait droit à nos plus légitimes
aspirations ; elle restera gravée dans nos souvenirs, et la
population saura prouver combien elle était digne de ce
bienfait par sa sagesse et par sa constance au travail qui
a toujours développé la richesse et la prospérité du pays.
Des événements déplorables ont révélé le mérite de votre
prompte et intelligente direction.

» Vous avez tenu d'une main ferme et juste les rênes
de votre gouvernement, et vous les laissez au moment
où votre présence nous était précieuse, parce qu'elle
tempérait également l'exaltation toujours turbulente et
la réaction toujours alarmée..... »

La Martinique n'a plus à redouter de voir éclater aucune nouvelle insurrection, ni même aucun désordre
sérieux. Il serait cependant puéril de prétendre que l'antagonisme déplorable qui divisait les diverses races

n'existe plus. Mais les passions et les préjugés qui l'avaient fait naître autrefois ne sont plus de notre époque, ils n'ont plus raison d'être et il est permis d'espérer qu'ils disparaîtront tout-à-fait. La conciliation, le rapprochement des races s'opère par degré, comme il s'est déjà opéré à la Guadeloupe et à la Réunion. De bons esprits y travaillent de toutes parts. Ce sera la tâche glorieuse et pacifique des gouverneurs et des chefs d'administration. A eux de faire prévaloir partout ces saines notions d'ordre, de travail, de liberté et de justice, fondement de toute société, qui peuvent seules assurer le repos et accroître la prospérité de notre belle et précieuse colonie de la Martinique.

Arras, typ. A. Planque et Ém. Frechon.

178